MARC SANGNIER

La Jeunesse et la République

Discours prononcé
au Meeting des Etudiants Jeunes-Républicains
le 13 mars 1913, Salle des Sociétés Savantes

LA DISCUSSION - LES INCIDENTS

★

LIBRAIRIE DE « LA DEMOCRATIE »
32 & 34, boulevard Raspail
PARIS

DISCOURS

DE

MARC SANGNIER

La Jeunesse et la République

Camarades,

Je suis profondément ému que vous ayez répondu si nombreux au premier appel du nouveau groupe des étudiants jeunes-républicains. J'espère que cette réunion, par sa dignité, par la courtoisie même avec laquelle adversaires et amis seront également entendus, fera honneur aux étudiants parisiens qui peuvent bien sans doute, dans l'excitation d'une juvénile ardeur, laisser parfois apparaître des émotions violentes et qui sont souvent à leur honneur, mais qui, cependant, savent toujours que les enthousiasmes les plus vibrants ne sont durables et féconds que s'ils sont appuyés sur des raisons solides et que c'est précisément à discuter ces raisons que doit s'employer l'activité intellectuelle de la jeunesse d'un pays tandis que son activité morale et physique tendent à mettre au service d'une cause reconnue juste et vraie des ardeurs qui ne se lassent point et des énergies qui ne faiblissent jamais.

Vous savez, camarades, qu'il y a aujourd'hui dans la jeunesse française, à côté d'un certain réveil, à côté d'un assuré réveil du patriotisme, à côté d'un renouveau de vie physique et d'énergie morale, je ne sais quel trouble et quelle incertitude intellectuelle, un désarroi véritable. Et c'est, il faut bien le reconnaître, surtout dans les milieux républicains que ce désarroi se fait sentir. (*Applaudissements sur plusieurs bancs et au fond de la salle*)

Plusieurs même ne craignent pas d'affirmer qu'il ny a plus de doctrine républicaine (*applaudissements sur les mêmes bancs*). Ils soutiennent qu'il y a bien des appétits et des intérêts républicains, mais pas d'idéal républicain (*applaudissements sur les mêmes bancs, rires*) pas d'âme républicaine (*nouveaux applaudissements sur les mêmes bancs*). Et ce qui est intéressant — je suis heureux d'exprimer si exactement la pensée que je veux définir (*applaudissements, rires*) — ce qui est caractéristique, c'est que ceux qui tiennent ce langage ne sont pas seulement les adversaires de la République, ce sont ceux-là mêmes qui se donnent, au Quartier Latin, comme les derniers défenseurs de l'idée républicaine orthodoxe, ceux qui essaient, parfois timidement, de servir de jeunes cohortes au radicalisme qui s'effondre ou à un opportunisme qui n'ose pas faire flotter son drapeau sur le front de ses troupes.

Je crois, camarades, — et je l'ai dit bien des fois en toute loyauté, — qu'il ne faut pas affaiblir d'une façon factice, en essayant de les nier, les arguments des adversaires, mais qu'il faut, au contraire, commencer par leur donner toute leur force de façon à ce que la réfutation que l'on en fera ait toute sa valeur. Oui, il y a une crise de l'idée républicaine, et j'imagine que cette crise provient vraiment de ce que les républicains officiels, je veux dire ceux qui ont laborieusement conquis le pouvoir, les radicaux et les radicaux-socialistes, ceux qui sont arrivés petit à petit à s'emparer de toutes les places, de toutes les situations officielles, à les garder jalousement pour eux et pour leurs amis, de ce que ces hommes sont incapables, non seulement de défendre l'idée républicaine, non seulement de représenter l'idéal républicain, mais même tout simplement de comprendre cet idéal.

En effet, j'imagine que la République n'est rien, ou que c'est un désir constant de collaboration plus profonde, plus intime, de chaque citoyen à la défense et à la direction même des affaires nationales. La République n'est rien, ou bien elle implique une volonté constante de tenir compte de tous les besoins intellectuels et moraux du pays, de rattacher les aspirations de l'avenir aux souvenirs du passé et aux réalités du présent. Si elle n'est pas la continuation normale et légitime de la vieille France, si elle n'est pas assez large, ouvrant ses bras, pour y contenir toute la patrie, la République n'est plus qu'un parti au pouvoir; elle ne mérite plus ce nom de République ; et il n'est pas étonnant que son âme s'affaisse, que son cœur se flétrisse et que les Français trouvent en elle une image méconnaissable de la patrie française. (*Applaudissements.*)

Or, il est certain que les républicains officiels semblent, depuis qu'ils ont essayé de conquérir le pouvoir, depuis même qu'ils y sont parvenus, avoir eu peur de trois choses : d'abord de l'idéal patriotique de la France, puis de ses aspirations sociales, et enfin, de son âme religieuse.

Les radicaux et les radicaux-socialistes nous apparaissent en quelque sorte, comme des patriotes honteux, comme des démocrates timides et souvent lâches et comme des sectaires désireux d'étouffer les élans chrétiens et surtout catholiques de l'âme nationale. (*Applaudissements*).

En choisissant cette situation, en s'y installant, en éloignant systématiquement de leurs citadelles républicaines tous ceux qui avaient le vieux sentiment traditionnel du patriotisme français, tous ceux aussi qui voulaient hardiment, par une rénovation profonde de la société économique, aboutir à de généreuses expériences sociales, et enfin tous ceux qui trouvaient dans leur cœur les énergies d'une foi toujours jeune et vraiment invincible, en chassant de la République tous ces Français véritables et authentiques, ils ont du même coup appauvri la République, ils l'ont, en quelque sorte, froissée, étouffée et comme écrasée.

Il n'est pas étonnant, dès lors, que, dans sa jeune et vigoureuse croissance, la France ait brisé ces cloisons et déchiré ce vêtement trop étroit, réclamé de l'air et de la lumière. Voilà pourquoi, de nos jours, beaucoup d'hommes qui assistent à cet effort de respiration de la France qui ne veut pas avoir toujours sur sa poitrine et sur son cœur la main sectaire des républicains officiels, disent : « C'est la République que l'on va tuer, c'est la République qui va mourir ». Ils devraient dire au contraire : « C'est le parti qui a accaparé la République qui va être chassé de la France, et c'est la véritable République qui va naître pour la gloire et la prospérité nationales ! » (*Vifs applaudissements*).

Je sais bien qu'il est trop facile de prouver que ceux qui sont aujourd'hui au pouvoir ont méconnu et le vieux patriotisme national et les aspirations sociales du prolétariat contemporain et l'âme religieuse de la France. Je ne m'attarderai pas longtemps à le démontrer car je crois que nous serions aisément d'accord sur ce triple point.

Le vieux patriotisme traditionnel de la France ? Mais on a essayé, dans certains milieux officiels de le réduire étrangement. On a cru que la République ne serait haute que de l'abaissement où l'on serait parvenu à réduire les gloires passées de la France royale; on s'est figuré que la République, pour être forte, avait besoin d'oublier une partie de l'histoire de notre patrie et l'on s'est imaginé qu'il fallait la faire dater seulement de 1789. On n'a pas même pris soin de montrer, à travers les pages glorieuses ou douloureuses de notre patrie, comme une vieille tradition que les hommes de 89 avaient essayé de renouer et qui, par-delà l'absolutisme romain des monarques absolus, retrouvait les sources fécondes et vraiment nationale de a France du treizième siècle, de la France de Saint-Louis, de la France des Communes, de cette France qui brillait encore de toutes les énergies intellectuelles et morales de son vieux celtisme traditionnel, malgré l'invasion des Romains et malgré l'autocratie administrative que Rome avait imposée à notre peuple épris de souplesse, épris d'un rajeunissement perpétuel des diverses organisations des corps sociaux. Si bien que nous pouvons dire que la tradition républicaine est profondément enracinés dans le sol même de notre patrie. Ce n'est pas une invasion étrangère, une exportation venue d'au-delà les frontières : c'est au contraire le tempérament même de la France qui s'épanouit.

Nos premiers rois, vous le savez, étaient, en quelque façon des représentants directs et immédiats du peuple; ils n'étaient rois que s'ils étaient élus, ils proposaient leur fils à l'élection avant de mourir, et ils ne régnaient qu'avec le concours et le soutien de toute une société organisée, des Communes, des corporations de métiers, de toute cette richesse nationale qu'une centralisation excessive — que ce soit celle de Louis XIV, que ce soit celle de Napoléon, que ce soit celle de la Convention, que ce soit cele de la Troisième République, peu importe ! — qu'une centralisation excessive écrase. La véritable République doit essayer de soulever le joug et l'unité ne doit plus être seulement une unité imposée du dehors par la force, mais une unité morale consentie par tous, voulue par tous, et qui est l'expression même de l'énergie de la race tout entière. (*Applaudissements.*)

Je dis que les républicains officiels n'ont pas compris les aspirations sociales du pays. Je ne me contenterai pas de rappeler ici les protestations systématiques et indignées des syndicalistes révolutionnaires, quoique cependant ce soit une indication.

Si l'œuvre antipatriotique des syndicalistes révolutionnaires de la C. G. T. est condamnable entre toutes, il est évident que sur le terrain proprement social ces syndicalistes rencontrent quelquefois des indications justes et précises. Ils ont l'idée très nette qu'il y a pour les prolétaires un devoir de classe. Sans doute, lorsqu'ils considèrent que ce devoir fait nécessairement d'eux des adversaires des hommes qui appartiennent à d'autres classes sociales, ils errent en des divagations antinationales, anticiviques au premier chef. Mais, lorsqu'ils se contentent de réclamer que l'on admette les liens naturels, les liens organiques qui unissent entre eux les travailleurs d'une même usine, les membres d'un même corps de métier, ils ne font que retrouver, par delà les aberrations que la loi Chapellier est venue apporter il y a quelque cent ans, les vieilles orientations sociales du pays.

Il serait intéressant de démêler ce qu'il y a d'une part, de chimère, et d'autre part, de réalité profonde, dans ces aspirations de la C. G. T. Nous pouvons simplement nous contenter de reconnaître ici — ce qui suffira pour consolider notre thèse — que les radicaux au pouvoir s'indignent de toute tentative sérieuse d'organisation du prolétariat. Ils ont peur que le prolétariat devienne un corps organisé ; je me souviens même que certains prétendaient qu'il fallait abattre l'Académie française (*sourires*) parce que celle-ci était une organisation, bien embryonnaire et pas toujours très complète, de l'esprit et du talent français, et que l'Académie pouvait s'élever contre la volonté du pouvoir suprême. On avait vu au moment de l'affaire Dreyfus certaines divergences entre l'état d'esprit de l'Académie et celui du gouvernement, et certains prétendaient qu'il fallait abattre ce corps qui était coupable d'avoir une tête qui pensait, d'avoir un cerveau qui n'acceptait pas d'être opprimé par le pouvoir central et qui proclamait une certaine indépendance spirituelle.

De toute manière, nous sommes bien en droit de dire que les républicains officiels veulent supprimer l'autonomie de ces groupes, la vigueur de ces corps sociaux, tout ce qui fait en somme la force et la richesse même d'une nation.

Voilà pourquoi, j'imagine, ils sont si profondément opposés, à toute tentative d'organisation complète du travail, à toute régénération sociale. Voilà pourquoi ils se heurtent, non seulement au dévergondage antifrançais et antipatriotique de la C.G.T. mais même à la raison d'être de la C.G.T., je veux dire à sa ferme volonté d'organisation sociale, sérieuse et autonome.

Reste maintenant à vous prouver, camarades, que les radicaux au pouvoir ont essayé d'étouffer l'âme religieuse de la France. Je n'insisterai pas sur ce point car l'évidence apparaît trop visiblement.

Dans la plupart des milieux républicains qui touchent de près ou de loin au pouvoir, même, hélas! dans certains milieux d'étudiants — on se serait attendu à plus d'indépendance d'esprit chez ceux-ci — on considère qu'un chrétien et, plus explicitement, qu'un catholique — car on a, certes, pour les protestants une tolérance plus large — qu'un catholique ne peut pas être un bon républicain. On affirme qu'un catholique est, tout au moins, un républicain conditionnel ; on l'acceptera peut-être à condition qu'il se taise ; il n'aura pas le même droit de parole que les autres. Les ministres républicains pourront railler la Bible, jeter le discrédit sur l'enseignement religieux, féliciter les instituteurs qui choisiront à dessein les quleques rares manuels condamnés par les évêques comme capables de froisser la foi religieuse des enfants catholiques, mais si un catholique veut élever la voix, on lui dira qu'il faut qu'il se taise, que la maison n'est pas à lui, qu'on lui laisse bien le droit de stationner dans les antichambres comme un timide néophyte, qu'il peut être républicain — encore n'en est-on pas bien sûr! — mais il ne sera pas du parti républicain, de la « Majorité républicaine », comme on dit pour désigner un groupe de gens qui ont pris l'habitude depuis quelque temps déjà d'être toujours en minorité à la Chambre des Députés. (*Applaudissements, rires*)

Vous savez que cette persécution religieuse, que cette lutte contre l'idée catholique ont éloigné de l'idée républicaine beaucoup d'âmes simples qui, voyant les républicains au pouvoir contre la religion, en ont déduit que la République était l'ennemie de la religion, et que, par conséquent, il fallait choisir ou la République ou la religion.

Ces âmes simples n'ont pas toujours bien vu ce que l'on pouvait mettre à la place de la République. Vous avez à l'heure actuelle une foule de « constitutionnels », comme on disait naguère au temps du Ralliement. C'était l'expression employée par ceux qui considéraient la drogue du ralliement comme un peu difficile à avaler et qui, par soumission aux volontés de Léon XIII, se disaient constitutionnels n'ayant vraiment pas le courage de se dire républicains; et ils avaient raison de ne pas se dire républicains : ils eussent fait un mensonge et ajouté à leur impuissance une hypocrisie.

Mais si l'on ne sait pas ce que l'on va mettre à la place de la République, il est évident que ceux qui sont attachés passionnément à l'idée religieuse et qui, par ailleurs, n'ont pas assez de foi dans la République, n'ont pas assez de confiance dans les destinées républicaines pour se dire que nous n'avons pas encore joui de la vraie République mais que la République sera si nous avons le courage de la faire, il est évident que ces hommes cherchent, hésitent, se replient dans une sorte d'indifférentisme politique, font un grief aux catholiques, qu'ils soient républicains ou royalistes chaque fois qu'ils affirment des idées politiques parce que, disent ces catholiques : « Il faut nous contenter d'être catholiques, il faut laisser la politique à ceux qui n'aiment pas la religion ».

De la sorte s'accrédite de plus en plus cette idée que la République est l'ennemie de l'idéal religieux et qu'aller dans la maison de la République, c'est, du même coup, quitter la maison de l'Eglise.

Je crois pouvoir constater que cet état d'esprit, que cette équivoque, que cette sorte d'impasse où sont acculés beaucoup de Français d'aujourd'hui, empêchent l'idée républicaine de s'épanouir en France comme elle le devrait, sont la cause de cette crise de l'idéal républicain que je vous signalais, il n'y a qu'un instant.

Ah! vous aurez beau créer des groupes de renaissance républicaine, vous aurez beau essayer de réclamer pour la République des grands hommes, des héros, des saints laïques, vous n'aurez rien fait pour sauver la République tant que vous ne l'aurez pas ouverte à toutes les énergies morales et — je ne crains pas de le dire — à toutes les énergies religieuses qui rendent les hommes capables d'efforts, de dévouement et d'héroïsme. (*Applaudissements.*)

Je puis bien affirmer, n'est-il pas vrai? camarades, que cette triple faute des républicains au pouvoir, que cette triple méconnaisance de la patrie française sont la cause véritable du malaise dont souffre à l'heure actuelle la République en France.

Eh! bien, ce que nous proposons, nous autres jeunes-républicains, ce n'est pas, certes — nous n'avons pas une telle prétention — d'imposer à la jeunesse toute entière des préférences qui sont nôtres et des goûts si vifs en nous qu'ils emportent presque l'adhésion de nos espérances et de notre foi dans l'avenir. Non; ce que nous voulons, c'est simplement présenter à la France un idéal républicain que tous les Français puissent admettre, puissent aimer et auquel ils puissent s'attacher par le plus profond de leur cœur.

Nous ne leur demandons de rien sacrifier de leur respect de la vieille France, de rien sacrifier, s'ils sont syndicalistes, de leurs aspirations de transformation sociale. Nous leur demandons, s'ils sont chrétiens et catholiques, non seulement de ne rien sacrifier de leurs convictions religieuses, mais d'aviver ces convictions au souffle de la tourmente qui empêche la France de grandir et la République de se développer. Nous leur demandons, à tous, de garder intégralement ce qu'il y a de noble, de généreux en eux et d'ajouter un acte de confiance dans une organisation politique qui recevra sa force non pas simplement d'une ossature extérieure, non pas simplement de la délégation que l'on fera du pouvoir de tous à un seul, mais d'une communion de travail et d'effort, d'une opinion publique avertie et éclairée et de la volonté formelle de chacun de travailler non seulement pour soi, pour sa famille, pour sa profession, mais encore pour la patrie tout entière. (*Applaudissements.*)

C'est là l'idéal républicain. L'idéal républicain c'est celui, je le répète, d'une participation de chaque citoyen à la défense, à la sauvegarde des intérêts généraux du pays.

Que l'on ne dise pas, camarades, que cela est impossible ! Car, enfin, dans les grands moments de troubles nationaux, lorsque les gouvernements ont fléchi sous le poids de leurs fautes ou sous le poids de leurs malheurs, — Dieu seul appréciera ! — c'est toujours l'âme du pays qui retrouve, par un grand sursaut, l'unanimité. Lorsque, dans les conseils des rois, naguère, on avait de la désespérance et que certaines idées de trahison germaient, lorsque Isabeau de Bavière voulait livrer le pays à l'étranger, ce n'est pas le roi, ce ne sont pas les conseillers du roi qui ont sauvé la France; mais c'est l'âme du peuple s'incarnant dans l'humble bergère que nous saluons comme une sainte. (*Vifs applaudissements.*)

Voilà, camarades, ce que l'on a vu sous la vieille France royale. Et à la fin de la monarchie, lorsque l'échafaud — ce déshonneur, cette honte et cette ignominie! — était en permanence élevé sur la place de la Concorde et que le sang du plébéien allait rejoindre le sang du noble, lorsque la France était dans un tel degré de décomposition que la décomposition que nous signalons aujourd'hui pâlit devant celle-là, où trouva-t-on l'énergie de vaincre, où trouva-t-on la volonté de repousser l'étranger? C'est encore dans le peuple, et l'on vit des hommes qui risquaient l'échafaud, s'ils étaient restés en France, aller généreusement risquer les balles des Prussiens en traversant la frontière. Tant qu'à faire de mourir, ils aimaient mieux mourir pour leur pays, en luttant contre l'ennemi, que mourir tués par d'autres Français qui, déjà, voulaient asseoir la suprématie de leur parti dans l'écrasement sanglant des partis adverses. Là encore, c'était l'âme de la France qui jaillissait spontanément, incompressible et victorieuse. On peut bien dire qu'il y eut quelque chose d'analogue, lorsque les sans-culottes et les volontaires allèrent porter le nom de la France aux quatre coins du monde, à ce qui se passait lorsque l'humble Jeanne d'Arc réveillait le courage des hommes d'armes, allait à Reims et rendait au roi, c'est-à-dire à l'homme qui représentait la France d'alors avec son royaume quelque chose de mieux : la confiance dans l'âme même et les destinées de la Patrie. (*Vifs applaudissements.*)

Croyez-vous sérieusement, camarades, quel que puisse être le mal causé par le régime jacobin que je flétrissais tout à l'heure, croyez-vous, camarades, que si, demain, l'outrecuidance teutonique jettait des soldats de l'autre côté de la frontière, que si demain les ulhans revenaient dans nos villages de Lorraine, croyez-vous qu'il n'y aurait pas un réveil et un sursaut de la France ? Croyez-vous que cette fois encore ce ne serait pas l'âme nationale qui retrouverait son unanimité et qui l'imposerait aux gouvernants ?

Soyez convaincus qu'il serait même plus facile sous notre Troisième République, dont j'ai dit un peu du mal que je pensais, d'imposer une attitude digne et noble à ceux qui représentent le gouvernement de cette République qu'il ne fut facile à Jeanne d'Arc d'imposer un peu de courage ou tout au moins un peu de dignité au déporable Charles VII. (*Vifs applaudissements.*)

Donc — et j'insiste sur ce point — si la Troisième République, telle que nous la voyons aujourd'hui, pêche triplement ainsi que je viens de vous l'indiquer, nous n'avons nullement le droit d'en déduire que la République est impossible en France. Nous ne pouvons pas tirer une semblable conclusion d'une expérience de 40 années. Qu'est-ce, hélas ! dans la vie d'un peuple ? Combien fallut-il d'années pour que la monarchie sortît du chaos qui précéda la féodalité en France ? Combien fallut-il d'années pour donner une forme, une règle, une harmonie, à toutes ces provinces qui n'avaient pas pris conscience d'elles-mêmes, à tous ces chevaliers qui ressemblaient parfois davantage à des brigands qu'à des chevaliers et que l'Eglise dressa, magnifia, convertit en proposant à leur fureur et à leur amour des grands coups un idéal de justice et de fraternité chrétienne? S'il a fallu tant d'années, je devrais presque dire tant de siècles pour fabriquer une France monarchique, ne croyez-vous pas que ce serait vraiment nous laisser une expérience trop courte que de prétendre que cela est fini après quarante ans de tâtonnements et que la France a prouvé que la République était incapable d'assurer sa grandeur et sa prospérité matérielle et morale ?

D'ailleurs, la question ne se pose pas précisément ainsi, car à supposer même que la République n'apparaisse pas actuellement comme d'ici longtemps capable de satisfaire pleinement les légitimes aspirations de l'âme française, qu'est-ce que vous proposez à sa place ? Croyez-vous que l'on puisse créer artificiellement un loyalisme monarchique qui est mort ? Croyez-vous que l'on puisse restaurer comme une fresque, par des procédés politiques qui ressembleraient à je ne sais quelle découvetre d'un chimiste savant, ce qui est éteint dans l'âme des peuples ? Du temps de Jeanne d'Arc, il n'y avait presque plus rien de la France, mais, chaque fois qu'on parlait de la France, on parlait du roi. Jeanne d'Arc elle-même ne pouvait pas dissocier ces deux images : la France : « Il y a grande pitié au Royaume de France », puis l'image du roi qu'il fallait faire sacrer à Reims. Croyez-vous qu'il en va ainsi aujourd'hui ? Je ne dis pas qu'il n'y ait pas quelques hommes encore qui gardent un enthousiasme et une piété pour les vieilles institutions d'autrefois; mais croyez-vous que la masse de ce pays associe indissolublement l'idée du roi à l'idée de la patrie ? Et s'il n'en est rien, qu'est-ce que cela prouve ? C'est que la patrie peut vivre même lorsque les formes de gouvernement qui ont assuré pendant quelque temps sa grandeur viennent à disparaître; c'est que républiques et monarchies disparaissent, mais que la patrie demeure.

Vous vous rappelez, camarades, ce que l'on disait lors d'un procès célèbre, lorsqu'un général accusé de trahison expliquait qu'il n'y avait plus rien, que le gouvernement s'était évanoui, qu'il n'y avait que des émeutes partout, qu'il ne restait plus rien. On lui répondit : « Il restait quelque chose, il restait la France ». (*Vifs applaudissements*).

La France demeure, même lorsque les gouvernements disparaissent. Je dirais volontiers que c'est alors surtout que son désir de survivre se traduit par je ne sais quel paroxysme de vie nationale. Lorsqu'il n'y a plus rien qui incarne exactement ses inspirations, lorsqu'un gouvernement n'apparaît pas comme adhéquat à ses besoins moraux et nationaux, alors la France elle-même trouve ce qui convient à son tempérament.

Voilà pourquoi, nous, jeunes-républicains, nous avons une foi invincible dans cette République nouvelle dont la France a besoin, dans cette République nouvelle qui sera vraiment assez large pour recueillir tous les Français réconciliés.

Les radicaux n'ont pas grand espoir. Je ne sais s'il y a des étudiants radicaux dans cette salle. Il n'y a pas beaucoup d'étudiants radicaux : on est surtout radical quand on devient vieux (*rires*), quand l'enthousiasme s'est éteint et quand on cherche des sinécures. (*Rires et applaudissements*). Je me souviens d'une parole que me disait naguère Eugène-Melchior de Voguë. Je venais le remercier d'avoir bien voulu inaugurer un Institut Populaire que nous avions fondé dans le Vème Arrondissement, et tout naturellement nous parlions de ses espérances d'autrefois, de cette renaissance de la jeunesse. Vous savez, de temps en temps, on parle d'une renaissance de la France; on dit qu'il y a une nouvelle jeunesse; et ce que dit Agathon aujourd'hui, on le disait déjà du temps d'Eugène-Melchior de Voguë. C'était l'époque du centenaire. De Voguë faisait dialoguer dans la nuit la Tour Eiffel et les tours de Notre-Dame, et ces tours se disaient des choses magnifiques qui feraient sourire les étudiants d'aujourd'hui : ce n'est plus dans la note du temps, cela paraîtrait trop idéaliste, pas assez réaliste, enfin cela ne plairait plus du tout. Cependant, si vous avez un instant, vous pourrez le lire. Quelques-uns d'entre vous auront peut-être assez de temps de reste pour se souvenir d'une histoire qui paraît assez ancienne. Je demandais à de Voguë ce qu'il était resté de tout cela : « Mais! tous ces jeunes gens qui, quand j'étais, moi, très jeune, quand j'étais encore sur les bancs du collège, tous ces jeunes gens qui marchaient avec vous, qui écrivaient, qui allaient dans les réunions et les meetings, tous ces jeunes gens qui parlaient d'une France grande, unanime, réconciliée, tous ces jeunes gens qui voulaient unir les aspirations démocratiques aux aspirations religieuses du Christianisme, où sont-ils maintenant? » Ah! je ne peux pas oublier l'expression de M. de Voguë lorsqu'il me répondit! Il était assis en face de son bureau, sous ce grand drapeau troué de balles qu'il avait rapporté de la guerre de 70 et qui ne quittait pas son cabinet de travail. Il me regarda avec un air déçu et, hochant la tête, il murmura : « Ce qu'ils sont devenus? Ils sont devenus sous préfets... » (*Rires*). Je me souviendrai toujours de la façon dont M. de Voguë raillait, avec tant de tristesse et de désillusion, la sinécure des sous-préfets que l'on veut toujours supprimer et que l'on ne supprime jamais car ils sont vraiment comme l'ornement indispensable du régime radical et radical-socialiste. (*Quelques applaudissements.*)

S'il y a des étudiants radicaux dans cette salle, je leur demande s'ils ont grande confiance dans l'avenir du parti radical. Je ne le crois pas. Le parti radical a cette bonne fortune que tout le monde pleure sur sa tombe avant que celle-ci soit ouverte par les élections (*rires*): M. Pelletan verse des torrents de larmes (*rires*); M. Combes chante quelque chose comme un *De Profundis* nasillard (*rires*); quant à M. Clemenceau, il hurle comme un chien sinistre devant l'endroit qui sera la tombe (*Rires*).

Personne n'a confiance dans l'avenir du parti radical : c'est un parti qui meurt d'avoir été trop victorieux. Vous savez qu'il est plus difficile de supporter certaines victoires que certaines défaites; il y a des victoires qui tuent. La victoire du parti radical est une de celles-là. Le parti radical n'étant pas capable, comme je vous l'aï indiqué, de représenter l'âme de la France et ayant le pouvoir entre les mains, il devait en mourir.

Croyez-vous, d'un autre côté, que les aspirations timides, à l'eau de rose, du parti progressiste soient capables de satisfaire complètement le tempérament français? Il n'y a pas beaucoup d'étudiants progressistes ; cela est caractéristique, car les étudiants, malgré tout, représentent quelque peu l'avenir, un peu plus que ceux qui ont soixante, soixante-dix ou quatre-vingt ans. (*Sourires.*) Il est vrai que les étudiants changent en vieillissant. Voyez-vous! dans la vie, on monte peu et on descend presque tout le temps (*rires*); les étudiants se trouvent, vers la dix-huitième année, généralement aussi haut qu'ils ne seront jamais ; depuis leur dix-huitième année jusqu'à leur mort, c'est une descente plus ou moins rapide, plus ou moins lente, mais continue: ce sont les intérêts matériels, ce sont les appétits de carrière, ce sont les désenchantements, les désillusions, ce sont les sophismes qui font dire : « Il n'y a rien à faire » quand on n'a plus envie de rien faire, ce sont toutes ces habitudes d'esprit qui font décroître l'idéal et qui abaissent insensiblement la température de l'enthousiasme... Mais enfin, j'imagine que les étudiants peuvent représenter assez exactement, non pas ce que sera la France de demain, mais ce que serait la France de demain si les étudiants avaient... le courage de ne pas trop vieillir... Car, vous savez, quand on vieillit, c'est presque toujours pour les trois-quarts de sa propre faute: on est responsable de vieillir parce que, vieillir, cela veut dire perdre ses illusions, accepter le fait accompli, prendre la vie telle qu'elle est, n'avoir plus ni la volonté, ni le courage d'essayer de la changer ; vieillir, c'est accepter une déchéance; et si le vers du poète devrait être toujours vrai: « Les rides du front ne vont pas jusqu'au cœur », hélas! il y a des cœurs qui se rident avant le front; alors, quand le front commence à se rider lui-même, il ne reste déjà plus, sur le cœur, de place nette.

Tout cela, pour aboutir à constater qu'il n'y a guère, à l'heure actuelle, de groupes d'étudiants républicains qui soient courageux et fiers de leur titre de républicain. Il n'y a presque plus d'étudiants républicains qui considèrent que la République est une doctrine politique, qui veulent soutenir à la force de leur cœur et de leur énergie l'idéal républicain. Non. Il y a au contraire, contre la République, des étudiants qui mettent toute l'énergie de leur jeunesse à l'attaquer et à la combattre. J'ai vu bien souvent des étudiants républicains venir me trouver et me dire avec tristesse : « C'est curieux, les ennemis du régime deviennent une force au Quartier Latin, ils parlent haut et ils empêchent qu'on ne fasse taire leurs voix. Ils ne sont peut-être pas encore aussi nombreux qu'ils le voudraient, mais ils tiennent une place et nous voyons leurs progrès avec effroi ». Je ne puis pas m'empêcher de dire à ces bons étudiants républicains vieux style :« Eh! bien, mais c'est étrangement de votre faute, cela; vous n'avez que ce que vous méritez. Soyez convaincus que la République n'est pas en danger ; soyez convaincus que l'immense majorité des Français d'aujourd'hui n'est pas contre la République ; mais si elle n'a plus, comment dirai-je ? d'affection sensible pour la République, c'est que la République ne la mérite pas ».

Tant que les étudiants républicains officiels voudront apparaître comme les enfants gâtés et chéris du parti au pouvoir, ils n'arriveront pas à conquérir le Quartier

Latin, ils n'arriveront pas à s'y faire aimer, peut-être pas même à s'y faire respecter. Voilà pourquoi je dis à nos amis : « Montrons qu'à côté de ces jeunes républicains décatis et vieillis parce qu'ils ont mis leur main d'enfants dans la main usée des hommes au pouvoir, il y a d'autres républicains qui sont jeunes et ardents, non seulement par l'âge mais par leur volonté de transformer la République.

Oui, il y a une Jeune-République. Si elle n'existe pas encore au Parlement, si elle n'existe pas encore dans les sphères officielles, elle existe déjà dans l'âme de la jeunesse. Je ne crois pas que la République mourra, mais, ce que je sais, c'est que ceux qui sont au pouvoir font bien tout ce qu'il faut pour la tuer; ce que je sais aussi, c'est que, nous, jeunes-républicains, nous ferons plus qu'il ne faudra pour la sauver et pour conquérir l'âme de la France toute entière à cette République rajeunie et digne enfin de la France. (*Vifs applaudissements*).

Mais, camarades, pour que la République existe, il faut une opinion publique. C'est là, vous le savez, la grande difficulté que l'on essaie toujours de vous opposer. On vous dit : « La République est quasiment impossible parce qu'il n'y a pas de pouvoir central suffisamment indépendant pour représenter la France ». Les monarchistes vous disent : « La monarchie ne supprime pas les autonomies locales ou professionnelles; au contraire, elle les rend possibles. Le roi est l'organe permanent de l'intérêt national, de l'intérêt d'Etat. C'est dans la mesure même où celui qui représentera cet intérêt national sera fort que les autonomies locales ou professionnelles pourront être sauvegardées. »

Eh! bien, camarades, je n'entre pas dans la discussion complète de cette théorie, mais je me contente de faire remarquer que cette indispensable unité il faut, dans une République, qu'on la trouve dans l'opinion publique. Il faut qu'il y ait, au-dessus de nos querelles de partis, quelque chose qui soit unanimement accepté par tout le monde. Il faut en somme que le tempérament national soit reconnu par tous et qu'il y ait, hors de contestation, un certain nombre d'idées essentielles, élémentaires, indispensables, sans lesquelles notre pays ne pourrait pas vivre. Remarquez du reste que, même en monarchie, lorsque ces idées ne sont pas acceptées, lorsqu'il y a divorce entre les Français sur les questions fondamentales, lorsque la France n'a plus une âme unanime, quelque forte que puisse apparaître l'ossature du régime, s'il y a de la pourriture et de la décomposition en-dedans, un beau jour tout cela craque et le cataclysme est souvent d'autant plus épouvantable que pendant longtemps on n'a rien pu en voir à l'extérieur.

Il faut donc une unanimité morale.

Je crois, camarades, que nous pouvons tout d'abord la trouver, cette unanimité morale, dans une conception de la France qui nous sera commune. On a parlé beaucoup, ces jours derniers, de patriotisme. Je crois que le patriotisme est encore une de ces idées sur lesquelles nous pouvons le plus facilement, entre Français et, mieux encore, entre jeunes Français, nous trouver tous d'accord.

Ce patriotisme exige que nous travaillions pour la France. J'imagine que si, demain, la guerre était déclarée, même dans les milieux qui semblent aujourd'hui le plus hostiles aux mesures patriotiques que le gouvernement propose, on rencontrerait peu de défections à l'heure du danger.

Mais cela ne suffit pas. Notre patriotisme ne s'arrête pas — j'insiste sur ce point — à la défense d'une frontière; il s'étend jusqu'à la défense d'une culture. Il faut, camarades, que nous sachions ceci : la France, ce n'est pas simplement un certain nombre de provinces, ce n'est pas simplement une certaine étendue de terre, c'est quelque chose d'autre et de plus. La France, c'est une idée.

Je crois que ceux qui ne veulent pas que la France soit une idée et qui se contentent de dire que c'est simplement un corps, non seulement rabaissent le patriotisme, mais se font du patriotisme une idée absolument antitraditionnelle. A travers toute l'histoire du monde, la France, aussi bien celle des Croisades que celle de la Révolution, a toujours voulu être le soldat d'une idée, soldat du Christ ou soldat de la liberté, mais soldat d'un idéal dans le monde. Le jour où la France n'a plus considéré qu'elle représentait une idée, elle s'est affaiblie, amoindrie, affaissée; elle a failli mourir de cette désertion spirituelle, et elle n'a retrouvé sa pleine force matérielle qu'après avoir commencé à retrouver l'intégrité de sa force et de sa vie morale dans le monde. (*Vifs applaudissements*).

Je suis, quant à moi, extrêmement scandalisé que l'on considère que les hommes qui parlent de justice et de fraternité internationales sont de par ce seul fait des patriotes amoindris; il m'apparaît, au contraire que ce sont des patriotes intégraux. Ils disent que la France n'est pas simplement une patrie de chair, mais que c'est encore une patrie spirituelle, ne faisant que répéter, en somme, ce que disent à travers le monde ceux des étrangers qui nous aiment et qui, comme ces Polonais avec qui nous causions il y a quelques semaines, ont toujours confiance dans la France, parce qu'ils voient en elle des possibilités indéfinies de résurrection, non seulement pour la France, mais pour toute nation qui ne veut pas se résigner à mourir. (*Applaudissements.*)

Je ne vois pas pourquoi, dire cela, c'est être moins patriote. Croyez-vous sérieusement que l'on se battra moins bien, si demain il y a la guerre, lorsqu'on aura non seulement l'idée que l'on se bat pour conserver intacte la frontière, ou pour ramener à l'unité nationale des provinces perdues et qui demeurent toujours chères à tous les Français, mais que l'on combat encore pour réparer une injustice, et que l'Alsace et la Lorraine nous sont deux fois chères : d'abord parce qu'on les a arrachées à notre chair vivante, et ensuite — je devrais presque dire : et plus encore — parce qu'on a perpétré contre elles une injustice internationale. (*Vifs applaudissements*).

On a essayé d'opposer Patrie et Justice nationale, France forte et Fraternité entre les nations, paix dans le monde et préparation de la guerre pour que la France ne soit pas désarmée contre les injustices des peuples brutaux qui voudraient l'assaillir ! Eh ! bien, moi, je n'accepte pas ce dilemne! Je ne veux pas d'une patrie diminuée, d'une patrie qui n'aurait plus qu'une idée : défendre son corps sans songer à son âme, et je ne veux pas non plus d'une Patrie qui vienne en quelque façon tenter Dieu en mettant la Justice nue en présence des farouches armées qui veulent l'écraser et l'opprimer. Je dis que la France est comme le chevalier du Droit dans le monde! Mais les chevaliers étaient armés ! les chevaliers étaient même les hommes les mieux armés de leur époque !... seulement ils étaient armés pour un idéal et ils plaçaient la Justice au-dessus de tout ! (*Applaudissements*)... La Justice domine toutes les patries (*Applaudissements.*) Il y a des vérités morales, il y a des vérités religieuses — que dis-je ? — toutes les vérités morales, toutes les vérités religieuses sont supérieures aux groupements nationaux... (*Applaudissements.*) J'ai dit cela et certains se sont scandalisés et ont répondu : « Ces paroles sont indignes d'un bon Français ! » Je crois, moi, que ceux qui n'ont pas le courage de tenir ces paroles ne sont pas de bons et de vrais Français. (*Applaudissements.*)

J'imagine que ce que la France a toujours voulu, lorsqu'elle a été vraiment elle-même, c'est travailler pour l'équité ; j'imagine que, la France armée, ce n'est pas la France renonçant à être juste et à travailler pour la paix et pour l'équité dans le monde, mais c'est au contraire la France mettant sa force au service de cette équité et de cette paix dans le monde. Si nous réclamons la justice plus particulièrement dans ce coin de l'Europe où se trouvent nos regrets, je dirais volontiers aussi nos remords, nous n'oublions pas que le jour où ce scandale sera arraché de l'Europe il en restera un autre : celui de la Pologne. Nous avons le devoir de le dire, même si cela peut mécontenter nos alliés les Russes (*applaudissements*), car on n'a pas le droit de négliger un peu de la Justice pour en réaliser un peu autre part. La Justice, c'est un bloc : quand on en sacrifie un doigt, on en sacrifie tout le reste. (*Applaudissements*).

Il ne faut rien sacrifier de la Justice; et, si vous voulez en parler à votre profit et en votre faveur, il faut avoir le courage d'en parler au profit et en la faveur de tous ceux qui souffrent de l'injustice dans le monde. (*Applaudissements*).

Je crois, camarades, que ce sont là des paroles françaises et j'imagine que nos amis jeunes-républicains, qui ont ces sentiments dans leur cœur, s'il faut verser leur sang pour la France, le verseront plus pleinement et plus joyeusement, car leur sang coulant pour la France coulera en même temps pour la Justice et pour la Paix dans le monde. (*Applaudissements*).

Voilà ce qui caractérise notre patriotisme et je devrais dire volontiers ce qui caractérise le vrai patriotisme français. Oui, camarades, n'opposons pas la Patrie à la République comme on l'a fait bien souvent ; que ce cri de : Vive la France ! ne soit jamais étouffé par cet autre cri de: Vive la République ! Et n'est-ce pas ce qui se produit bien souvent dans nos réunions, dans nos meetings, dans nos discordes civiles? Les uns crient: Vive la République ! On couvre leur voix par ceux de Vive la France ! Non, non, ne dissocions pas ce qui doit être uni ! Malheur à ceux qui ont fait la République si étroite — à leur mesure, en somme ! — que toute la France ne peut pas y entrer ; mais malheur aussi à ceux qui ne se rendent pas compte qu'en essayant de discréditer la République, du même coup, leur insulte, en face de l'Etranger, de l'Europe qui nous regarde, leur insulte rejaillit sur la France elle-même. (*Vifs applaudissements*).

Ah ! je crois, camarades, que lorsqu'on va se promener à l'étranger, on est plus surpris et plus choqué des discordes entre Français qu'on ne l'est lorsque, dans cette vie enfiévrée de Paris, on oublie la solidarité nationale et les responsabilités que nous pouvons encourir du fait même des injures que nous nous adressons.

Oui, camarades, soyons unis ! Soyons unis par sentiment national, et soyons unis aussi pour la grande tâche que la France doit accomplir.

Du même coup, j'arrive à trouver cet autre terrain d'union entre Français : le terrain social. Il y a là quelque chose à faire. Il est impossible que nous continuions à être séparés ainsi par des fossés si profonds, en quelque façon, que presque personne ne se risque à les traverser.

Il est étrangement scandaleux de voir l'accueil fait par la jeunesse française à ces projets, que le Gouvernement dit nécessaires, d'augmentation du service. Tandis que d'un côté la jeunesse étudiante et la jeunesse bourgeoise accueillent avec bonne humeur et avec joie ce qui constitue pour elles — j'ai hâte de le faire remarquer — un accroissement de charges par rapport à l'ancienne loi terriblement plus lourd que l'accroissement qui en résulte pour les ouvriers (puisqu'il n'y a plus de dispenses et que chacun fera trois ans), il est terrible de voir dans un autre camp, dans les milieux de la C. G. T., dans les milieux syndicalistes, dans les milieux prolétariens, cette sorte d'unanimité pour flétrir cette augmentation de service militaire, même si elle était jugée nécessaire.

Une Voix. — Ils luttent contre les requins!

Marc Sangnier. — Ce qui est terrible c'est que des Français puissent en être réduits à ce point de considérer que les requins les plus voraces sont à l'intérieur même de la France! (*Applaudissements*).

Il y a, camarades, un examen de conscience à faire. Il ne suffit pas de jeter le blâme et le mépris sur les jeunes syndicalistes révolutionnaires, il faut que nous nous demandions si nous avons fait de notre République quelque chose d'assez intelligent de leurs besoins moraux et sociaux et de leurs revendications, ou si, au contraire, en ne tenant pas compte de celles-ci, nous n'avons pas fait de la République quelque chose qui devient presque comme une nation étrangère pour une partie même de la population française. Voilà l'examen de conscience que nous devons faire et si nous ne pouvons pas répondre comme il conviendrait, alors, il faut nous frapper la poitrine et, à chaque fois que nous entendons ce cri odieux « A bas la France! » ou « A bas l'armée! » il faut nous dire : « Si on pousse ce cri, c'est peut-être parce que nous n'avons pas fait une France et pas fait une armée capables d'être aimés universellement par tous les Français ». (*Applaudissements*).

Oui, l'unité patriotique ne sera réalisée que s'il y a unanimité, que s'il y a accord au point de vue démocratique et social! Il est intéressant de constater que ce sont ceux-là même qui parlent le plus de réformes sociales, de transformations de la société qui sont le moins patriotes.

Serait-ce donc que la Patrie apparaîtrait plus encore comme quelque chose du passé, comme quelque chose du présent que comme quelque chose de l'avenir?

Il faudrait que la Patrie, que la République fût tellement ouverte aux aspirations populaires, qu'elle acceptât si généreusement d'être le champ des plus nobles expériences sociales, que ceux-là mêmes qui portent en eux des ardeurs, troubles peut-être, confuses, mais des ardeurs qui sont malgré tout rattachées à ce qu'il y a de généreux dans l'avenir, sentent que la République, que la Patrie est bien à eux aussi: vous n'aurez d'unanimité nationale patriotique que lorsque vous aurez une unanimité sociale que lorsque vous insérerez en quelque sorte dans le patrimoine commun de la patrie ce qu'il y a de légitime, de juste et de noble dans les revendications sociales du prolétariat. Voilà comment ces deux questions sont intimement liées, et je dis qu'elles ne peuvent pas être résolues l'une sans l'autre.

Enfin, camarades, il faudrait être unanimes... oh! je ne dis pas « sur la question religieuse », hélas!... Je le souhaiterais de tout mon cœur; et, certes, je ne serais pas catholique si je n'avais le plus ardent désir de voir les hommes reconnaître comme moi la vérité religieuse là où je sais qu'elle se trouve. Mais comme la vérité religieuse ne peut pas s'imposer par la force, qu'elle ne peut même pas s'imposer par une sorte de pression morale, qu'il faut qu'elle résulte de la volonté de celui qui y adhère sous l'influence même de la grâce de la vérité divine qui descend en lui, je demande qu'à défaut de cette unanimité religieuse nous soyons tous d'accord pour respecter tout au moins les merveilleuses forces morales que les croyants sincères puisent dans leur foi, et pour distinguer la sincérité de la foi qui habite l'intimité du cœur, de cette hypocrisie extérieure qui mêle la religion à la politique au point de les confondre et qui fait de la religion un instrument pour servir des desseins uniquement humains. (*Applaudissements*).

Oui, on dira que la religion est une grande force d'ordre. Oui, on dira aussi que c'est l'ordre romain qui s'impose.

Quelques Voix. — Oui, oui!!!

Marc Sangnier. — Si vous le reconnaissez...

Dans la Salle. — (*sur plusieurs bancs*): Vive Maurras (*Bruit*).

Marc Sangnier. — Je suis étonné de voir que certains de nos adversaires, lorsque j'expose une idée où ils reconnaissent leur propre pensée, la couvrent immédiatement par des cris, comme s'ils ne croyaient pas cette idée — et ils ont raison — capable de résister à la réfutation que j'ai le dessein d'en faire. (*Vifs applaudissements*).

Je supplie nos amis d'écouter dans le silence aussi bien l'exposé de l'objection que sa réfutation et je demanderai tout particulièrement à nos camarades de me laisser développer une réfutation que je juge utile et de ne pas, par leurs applaudissements, dont je les remercie, arrêter le cours de cet exposé, qui doit être grave et sérieux comme il convient à une discussion d'idées.

Je dis donc que se contenter de prétendre que la religion est un grand facteur d'ordre, que la religion c'est, en quelque sorte, l'ordre même, ce magnifique ordre romain dont la France hérita du divin Jules (*rires*) et que l'Eglise aurait en quelque sorte repris à nouveau après avoir « retiré leur venin » à tout ce qui dans les Livres Saints pouvait être dangereux, je dis que de telles considérations ne légitiment pas l'existence même de la religion; car, si la religion n'est pas vraie, si les dogmes qu'elle nous enseigne sont des erreurs, si le Christ n'est pas Dieu, si les sacrements qui le plus directement nous mettent en relation avec la divinité ne correspondent pas à une réalité, si l'enseignement de l'Eglise est faux et mensonger, si lorsque l'Eglise dit : «Dieu est là » Dieu n'y est pas, si lorsque l'Eglise dit : « Tu es absous pour l'éternité » la bénédiction du prêtre n'a pas plus de valeur que la parole du sage et du philosophe qui endorment la douleur humaine, je dis que l'on a pas le droit de se servir de cette religion qui serait ainsi composée d'erreur et de mensonge simplement parce que cette religion aurait un bon effet d'ordre et d'harmonie purement temporaires. (*Applaudissements*).

Notre religion est ou une vérité, ou une tromperie (*Applaudissements*). On ne peut pas à la fois être disciple de Renan et marcher à la tête des jeunes catholiques (*Applaudissements prolongés*). Nous ne demandons certes pas que les catholiques refusent le concours patriotique de ceux qui n'ont pas la même foi positive qu'eux. Nous ne sommes pas de ces hommes qui prêchent une politique confessionnelle et qui font un grief à des catholiques de marcher sur le terrain patriotique et sur le terrain civique avec des hommes qui ne le sont pas. Loin de nous cette pensée! (*Applaudissements sur quelques bancs*).

Ce que nous demandons, c'est que ceux qui ne partagent pas nos convictions religieuses voient, dans la religion, se référant tout au moins à la pensée intime et profonde des catholiques, autre chose qu'une force d'ordre matériel et humain, je veux dire des aspirations religieuses incompressibles, je veux dire un grand élan vers la justice et vers la fraternité universelles, je veux dire quelque chose de propremnt et de spécifiquement religieux. (*Applaudissements*).

Voilà ce qu'il faut qu'on voie dans nos convictions, et j'espère que sur ce terrain-là encore, l'unanimité morale pourrait se faire. Les uns sont croyants, les autres ne le sont pas; les uns acceptent le catholicisme intégralement, les autres ont un christianisme plus ou moins vague, les autres même, en dehors de toute religion positive, cherchent comme à tatons des lambeaux de vérité morale pratique; je demande à tous de bien considérer que le problème religieux, c'est d'abord, c'est avant tout et d'une certaine manière nous pourrions dire c'est seulement, un problème qui doit se discuter et se résoudre sur le terrain religieux.

Ne faisons pas dégénérer nos discordes religieuses en discordes politiques; n'abaissons pas la religion en en faisant une politique. Et même, si nous reconnaissons — et nous avons le droit et le devoir de le faire — que la religion est un merveilleux facteur d'ordre politique et social, prenons bien garde que c'est, avant tout, autre chose, que c'est quelque chose de religieux qui doit entrer dans le cœur par des moyens d'ordre religieux. Si bien que le jour où nous serons bien d'accord sur ce point, tous, qui que nous soyons, catholiques, chrétiens, libres-penseurs, protestants, juifs... (*Protestations; cris : Hou! hou! A bas les Juifs! Vive Maurras!*).

Je suis heureux que cette interruption éclaire en quelque sorte et illustre d'un exemple ce que je vous disais.

UNE VOIX DANS LA SALLE. — La France aux Français.

MARC SANGNIER. — Je paraissais tout à l'heure vous apporter une incontestable vérité, et il semblait que même nos adversaires étaient d'accord avec moi pour demander que les débats religieux restassent sur le terrain religieux. Un certain nombre d'adversaires montraient même par leur attitude que je perdais mon temps à répéter quelque chose d'évident et que l'insistance que j'avais mise à dire : « Faites attention que les débats religieux ne dégénèrent pas en débats politiques » était inutile. Parlant de religion et non pas de sociologie, je réclamais que les débats religieux restassent sur le terrain élevé des controverses religieuses. Je fus amené à prononcer le nom d'une de ces religions, et non certes une des moindres car, à moins de méconnaître étrangement l'histoire du monde, vous ne pouvez pas nier que dans l'histoire des religions la religion juive n'ait tenu une place considérable; je crois même que les catholiques et les chrétiens auraient mauvaise grâce à en disconvenir et il suffit qu'ils lisent leurs Livres Saints pour s'apercevoir de l'importance religieuse privilégiée qu'eut, pendant des siècles, le peuple de Dieu (*Applaudissements*). Je constate donc que cette discussion, — pas même! — que cette remarque d'ordre religieux que je faisais a immédiatement soulevé des polémiques d'un autre ordre. Ceux qui tout à l'heure criaient : « A bas les Juifs! » sont bien, j'imagine, d'accord pour dire que ce n'est pas au point de vue religieux qu'ils attaquent les Juifs (*applau-*

dissements), mais parce qu'ils considèrent le problème sous un autre aspect, sous un aspect ethnique...

UNE VOIX. — Ethnologique (*Rires*).

MARC SANGNIER. — Je remercie notre camarade d'avoir allongé le mot que j'employais et de lui avoir donné une amplitude plus grammaticale. (*Applaudissements et rires*).

Si nous étions tous d'accord en France pour éviter que les problèmes religieux ne dégénérassent en problèmes d'un autre ordre, en conflits politiques, j'imagine que ce ne sont pas les Juifs qui y gagneraient surtout, mais que ce sont précisément les catholiques; car c'est surtout contre eux, camarades, que l'on a réalisé ce méchant alliage de politique et de religion; c'est surtout à leur détriment qu'on est venu sonder les consciences, et, chaque fois que l'on y trouvait des convictions religieuses, que l'on s'est cru permis de prétendre que celui qui avait de telles convictions ne pouvait pas être un loyal serviteur de la République. C'est surtout contre les catholiques que la confusion a été faite et si les catholiques ont souffert de cette confusion, ils ne doivent pas essayer de faire souffrir les autres d'une confusion analogue. (*Applaudissements*). Lorsque nous avons été victimes d'une injustice, nous ne devons pas dire : « Il faut rendre dent pour dent et œil pour œil » ; ce serait un peu trop juif, cela ! (*Rires et applaudissements*).

Nous voulons la justice pour tous, nous voulons distinguer les choses politiques des choses religieuses. En tout cas c'est le but que nous poursuivons, c'est celui que nous proposons à la Jeune-République ; non pas, certes, que les questions religieuses ne puissent pas avoir de répercussion politique. Lorsqu'on se servira d'armes politiques pour arracher la liberté religieuse aux catholiques, ceux-ci ont le devoir de se servir également d'armes politiques pour conserver et pour revendiquer les libertés religieuses qu'on leur aura ravies ou qu'on voudra leur ravir; c'est le bon sens même. Mais, encore une fois, distinguons ce qui ne doit pas être confondu, si on ne veut pas que la religion elle-même soit rapetissée et humiliée, souillée par ce mélange qui la compromet et qui risque quelquefois de paraître la déshonorer.

Voilà, camarades, le triple terrain sur lequel nous espérons réaliser une unanimité morale; unanimité provisoire tout au moins, de notre République française. Je crois qu'en agissant ainsi, nous nous conduisons en bons Français et en bons républicains. Je demande à nos camarades de la Jeune-République de lever bien haut ce drapeau républicain que nos aînés laissent tomber de leurs mains défaillantes. Le drapeau républicain, c'est nous qui le ferons flotter sur la jeunesse des écoles. Ne comptons pas sur les républicains officiels : ils ne veulent ou ils ne peuvent pas parler de la République comme il conviendrait, avec tout leur cœur. Nous sommes républicains et fiers de l'être, et nous le dirons bien haut devant tout le monde et devant la France tout entière. (*Applaudisements*).

Nous ferons plus que de le dire. Le dire ? Cela fait bien dans les discours, mais cela ne convainc personne: nous le prouveverons par des actes. Il y a un tempérament républicain qui n'est pas celui de nos maîtres, qui n'est pas celui de nos gouvernants d'aujourd'hui, un tempérament républicain dont autrefois on sentit quelques ardeurs, vite étouffées, hélas! en 89 et en 48; il y a un tempérament républicain qui n'est pas mort... puisqu'il vit dans nos âmes. Il y a un tempérament républicain qui est essentiellement un tempérament français car, encore un fois, la République n'est rien si elle n'est comme l'aboutissement logique et nécessaire des vertus traditionnelles de la race française.

Ce tempérament, nous le traduirons dans tous nos actes, par la façon de servir et d'aimer la patrie, par la façon de servir et d'aimer les aspirations sociales du prolétariat français, par la façon dont nous cherchons à rendre la France forte pour qu'elle puisse être le champion de la justice, du droit et de la paix dans le monde, par la façon dont nous travaillerons toujours à ce qu'il y ait plus de fraternité entre les hommes et plus de justice, par la façon enfin dont pour nous ces mots de justice, de fraternité et d'amour auront un sens. On en a tant usé de ces mots, tant abusé qu'à l'heure actuelle quand quelqu'un parle de justice et de fraternité, on dit que c'est du laïus (*sourires*), que c'est une vieille ritournelle que les voix épuisées peuvent à peine murmurer et à laquelle les esprits n'ont plus la force de croire. C'est cela qui est triste. Aujourd'hui, on parle partout de vigueur physique, de force; les sports, comme on le dit dans toutes les enquêtes sur la jeunesse, reprennent leurs droits — ce qui est excellent —; aujourd'hui on ne veut pas se payer de mots, on a horreur de la phraséologie vaine — ce qui est parfait —; aujourd'hui on n'aime pas les vieilles tirades romantiques, qui sont un inutile ronronnement, présage des défaillances de la race et des lamentables échecs de la vigueur nationale en face de l'ennemi armé; aujourd'hui — et voilà le mal — lorsque quelqu'un parle de justice et de fraternité, on dit: « Ces mots n'ont pas de sens. La justice ? Nous ne savons pas ce que c'est. Il y a tant d'hommes qui ont parlé de justice et qui cherchaient simplement à exploiter la crédulité populaire! La fraternité? Il y a tant d'hommes qui, dans des assemblées ouvrières, ont parlé de fraternité et de solidarité et qui, devenus ministres, ont fait fusiller des ouvriers et sont passés du côté des capitalistes! Comment voulez-vous que nous croyions à ces mots de fraternité, de justice ? Ce sont des mots vides de sens : nous les haïssons! »

Eh! bien, camarades, le jour où la France dit qu'elle ne croit plus à la justice, ni à la vérité, le jour où la France dit que ceux qui prononcent ces mots sont des rhéteurs inutiles, le jour où elle dit : « Il nous faut de la force, nous n'avons plus besoin de justice et de fraternité », alors la France est morte, elle n'existe plus. (*Applaudissements.*)

Le jour, au contraire, où l'on considérera que, s'il y a une justice et une fraternité, ce sont là des choses saintes que l'on n'a pas le droit déprofaner; le jour où l'on dira que les lèvres de ceux qui prononcent ces mots doivent être vénérables; le jour, enfin, où l'on sentira que la justice et la fraternité sont des réalités, dans la mesure où, par un effort constant et unanime, tous nous les rendrons telles dans la vie quotidienne; le jour où l'on se fera cette haute idée de ces vocables sublimes et sacrés, alors, oui, la force matérielle de la France servira! alors, oui, cette renaissance d'esprit positif, d'esprit pratique dans la jeunesse française sera utile! alors, oui, il faudra se réjouir de ce que l'on ne se paie plus de mots, il faudra se réjouir de ce que l'on prononce moins souvent des mots sacrés que l'on n'a le droit de prononcer que lorsqu'on se sent capable de souffrir, de mourir et — ce qui est plus difficile encore — de vivre pour eux. (*Ap-applaudissements*).

C'est là la tâche que nous proposons aux jeunes-républicains, nos amis. Nous leur demandons, dans le Quartier Latin et parmi les étudiants, d'être fiers de leur programme, de leur doctrine républicaine. Il n'y a plus qu'eux qui aient une doctrine républicaine à l'heure actuelle dans la jeunesse française et je puis bien dire dans la France toute entière. (*Applaudissements.*)

Qu'ils soient fiers de leur pays et que leur patriotisme soit un patriotisme tout plein de l'amour de l'humanité, du respect du droit et du généreux désir d'un progrès social et démocratique; que leur patriotisme enfin soit un vrai patriotisme de Français! Parce que nous sommes républicains, nous n'aimons pas une France diminuée et amoindrie. Nous n'aimons pas moins que ceux qui ne sont pas républicains la France d'autrefois; seulement, en plus, nous aimons la France du présent et la France de l'avenir. Notre patriotisme, c'est le patriotisme de toute la France dans l'histoire et de toute la France dans l'avenir.

Oui, nous aimons la France, ce qu'elle fut autrefois, ce qu'elle est aujourd'hui et surtout ce qu'elle sera demain, parce que nous aurons eu le courage de la faire telle que nous rêvons aujourd'hui qu'elle soit bientôt.

Voilà notre patriotisme. Il est intégral, j'ai bien raison de le dire. Et je voudrais que la Jeune-République travaille à développer ce patriotisme autour d'elle, et que les jeunes-républicains soient les plus ardents des patriotes parce qu'ils seront les meilleurs des démocrates et les plus fiers des républicains. (*Vifs applaudissements enthousiastes et prolongés.*)

La discussion - Les incidents

Le président donne à 10 h. 35 la parole au premier contradicteur, M. Lagrange. Celui-ci expose des objections néo-monarchistes et attaque personnellement Marc Sangnier. Il parle depuis 12 minutes, lorsque, à la suite de l'expulsion d'un perturbateur et des insinuations injurieuses du contradicteur, une troupe de camelots du roi provoque une bagarre..

Armés de matraques, de clefs anglaises, de nerfs de bœuf, et même de couteaux, ils tentent en vain d'envahir la tribune.

Après quinze minutes, ils sont immobilisés par les jeunes-républicains dans un angle de la salle, puis expulsés par petits paquets. Ils demandent bientôt grâce et voudraient parlementer . A 11 h. 25 le dernier groupe est jeté à la rue et l'on emporte leur dernier blessé!

La séance est aussitôt rouverte.

Marc Sangnier prononce la harangue suivante, que deux de nos amis ont dû recueillir de leur mieux, la sténographe ayant quitté la salle, au début du tumulte.

— Marc Sangnier. — Pour une première réunion du groupe des Etudiants Jeunes-Républicains, il faut bien reconnaître que cela ressemble passablement à un baptême du feu.

Je crois que cette réunion restera mémorable non seulement dans les annales de la Ligue de la Jeune-République, mais je dirai volontiers dans l'histoire politique de notre époque. (*Vifs applaudissements*).

Figurez-vous que nous en étions tombés, en France et en particulier à Paris, à ce degré d'apathie, d'indifférence et je dirais même de lâcheté, que quelques voyous de la « Haute », appelés Camelots du Roi, intimidaient la population sérieuse et patriotique de la France et du Quartier Latin au point que non seulement ces messieurs jettent quotidiennement leur bave immonde dans les colonnes de l'*Action française*, où ils salissent ceux qui suivent une autre ligne politique, mais qu'ils se mirent en tête, — escortés par des apaches, dont le moins qu'on puisse dire c'est qu'ils ressemblent étrangement à des Quarante-sous, — de venir troubler le soir les réunions de leurs adversaires.

Jusqu'à présent, quand ces messieurs amenaient leur ridicule bande dans des réunions de radicaux ou de socialistes, on disait : « Ce sont des voyous, des assassins », mais on laissait la place à ces voyous et à ces assassins.

Or, camarades, il ne nous plaît pas d'agir ainsi, tout simplement. Scrupuleusement respectueux de la libre discussion, nous entendons qu'on ne vienne pas recourir à des matraques pour faire entrer le royalisme dans les têtes républicaines. Autrefois les nobles avaient coutume, lorsqu'ils voulaient passer, de lancer devant eux la troupe insultante de leurs laquais (*rires*), mais nous les recevons comme il convient que les reçoivent des républicains et des démocrates. (*Bravo! bravo!*)

Ah! l'arrogance de ces messieurs sera un peu calmée!... On disait: « Les jeunes-républicains, ce sont des gens de paix, de concorde, d'amour; on les mettra en fuite comme des petits enfants qui prient, comme des agneaux »; et l'on croyait qu'il y suffirait de quelques camelots armés de matraques et qui mettaient hypocritement leurs cannes au vestiaire pendant qu'ils tenaient leurs matraques serrées sur leur cœur... (*Vifs applaudissements*).

Eh! bien, voilà! Nous avons des amis blessés. Ils ont été blessés comme des soldats dans la bataille : en servant la France; car c'est servir la France, quand peut-être la guerre sera demain à la frontière, que de chasser les bandits de la France. Nous avons des aïeux qui savaient ce que c'était que d'avoir des lâches qui leur tiraient dans le dos pendant qu'ils défendaient la patrie! (*Applaudissements*).

Si ces messieurs entendent recommencer

la même aventure, libre à eux! Si les socialistes et les révolutionnaires ne marchent pas, nous, nous marcherons.

Peut-être, demain, lirez-vous dans l'*Action française* : « Les camelots se sont emparés de la tribune... » (*Hilarité*) Ils diront qu'ils ont été les vainqueurs de cette soirée qui s'est terminée dans un désordre épouvantable et que Marc-Tartuffe s'en est allé impuissant. Et il se trouvera, parmi les républicains bien sages, quelques naïfs à s'étonner et à dire : « Ah! ces Camelots, ils sont une force...» Oui, une force d'imbécillité, une force de mort, une force de lâcheté. Car on est toujours lâche lorsque, pouvant discuter une idée, on l'attaque à coups de matraques.

Et je crois, camarades, que nous avons bien mérité de Paris et du Quartier. Nous mettrons une affiche demain où nous raconterons les faits (1) et nous exposerons

---

(1) *Voici le texte de cette affiche:*

UNE MAGNIFIQUE REUNION

ARMES DE MATRAQUES ET DE COUTEAUX

LES CAMELOTS DU ROI VEULENT LA TROUBLER

Ils sont honteusement jetés à la rue

Nous avons droit d'être fiers de notre meeting d'hier soir.

Devant une foule d'étudiants appartenant à tous les groupes et qui se pressaient dans la vaste salle des Sociétés Savantes, trop petite pour les contenir, notre ami Marc Sangles matraques dans la salle des dépêches de *La Démocratie*. Nous avons ici des cama-

---

nier exposa pendant plus d'une heure le programme de la Jeune-République, affirma que le véritable idéal républicain n'était pas mort dans le cœur de la jeunesse, et que celle-ci saurait, sur le triple terrain du patriotisme, de l'effort social et du respect de la sincérité religieuse, réaliser en France une véritable unanimité morale. Son discours fut écouté dans le plus parfait silence et interrompu par les plus chaleureux applaudissements.

Un camelot du roi prit alors la parole que le bureau lui assura avec la plus grande impartialité. Mais ce contradicteur devint vite provocant et, tout d'un coup, 150 camelots du roi qui se trouvaient groupés dans la salle se mirent à injurier nos amis; puis, armés de matraques et de couteaux, ils se précipitèrent sur nos camarades qui essayaient de leur imposer silence.

Pendant une demie-heure, ce fut une violente bataille : les « camelots » étaient massés dans un coin de la salle et espéraient par leurs violences empêcher la réunion.

Les uns après les autres, ils furent chassés par nos camarades, dont plusieurs ont été grièvement blessés à coups de matraque et à coups de couteaux.

Une fois ces perturbateurs systématiques expulsés, la réunion continua dans le plus grand calme. Deux nouveaux contradicteurs furent encore entendus auxquels Marc Sangnier répondit.

Nous flétrissons hautement les mœurs honrades étudiants qui n'appartiennent pas au groupe des étudiants jeunes-républicains : eh! bien, je les supplie de raconter dans leurs groupes ce qui s'est passé ce soir.

Nous sommes fiers de ce grand exemple de force et de courage que nous avons, nous, jeunes-républicains, donné les premiers. A Nice, vous savez que les socialistes n'ont pas pu parler. Ce soir, cela avait semblé plaisant, — par le plus injuste

---

teuses de ces apaches d'un nouveau genre qui déshonorent le quartier latin.

Chaque matin l'*Action française* déverse des torrents d'ignobles injures sur ses adversaires politiques; le soir, ses « camelots » essaient d'étouffer la discussion libre à coups de matraque.

C'est notre honneur d'avoir montré à ces gens-là comment il convenait de répondre à leurs stupides provocations. Nous espérons que nous serons imités par tous. Il y a une œuvre de salubrité publique qui s'impose particulièrement au Quartier Latin.

Nous avons trop confiance dans le bon sens français, dans la courtoisie traditionnelle de notre race, dans le patriotisme éclairé des étudiants, pour ne pas être convaincus que de si pitoyables bandits, dont la plupart ne font même pas partie de nos Facultés, seront définitivement rejetés par tous et mis dans l'impossibilité de nuire.

Dans tous les cas, nous sommes joyeux d'avoir donné l'exemple.

LE GROUPE DES ETUDIANTS JEUNES-REPUBLICAINS

des rapprochements car, en vérité, vous n'êtes pas sans savoir que nous n'avons pas sur le patriotisme les mêmes idées que M. Jaurès, — de nous dire aussi : « Parce que vous n'avez pas sur le patriotisme les mêmes idées que l'*Action française*, vous ne parlerez pas! » Seulement, vraiment, ça n'a pas réussi! Parce que nos amis sont résolus à ne pas se laisser ravir la liberté de la parole qu'ils ont conquise naguère au Meeting des Mille-Colonnes.

Oui, nous avons des camarades assez nombreux qui sont grièvement blessés; et demain et les jours suivants nous donnerons de leurs nouvelles dans *La Démocratie;* mais avant de panser les blessés, il faut chasser les bandits qui nous assaillent.

Et maintenant, comment voulez-vous que je n'aie pas confiance dans l'avenir de la Jeune-République? Combien, à la place de nos amis, auraient dit : « Ils ont des matraques; ils sont au moins 300; on ne discute pas avec des bandits ». Oui! on ne discute pas avec les bandits : mais on les chasse à coups de pied.

Nous débarrasserons le Quartier Latin de ces espèces de matamores. Oui! ils ont arrêté des réunions radicales, socialistes, plébiscitaires; mais on ne touche pas à la Ligue de la Jeune-République. Nos amis n'ont pas hésité. Pas un instant ils n'ont dit qu'il fallait laisser la place aux bandits. C'est comme si on laissait la rue aux apaches en disant : « on ne se commet pas avec des apaches ».

Merci, camarades, du courageux, du noble exemple que vous avez donné! Merci d'avoir tenu tête aux énergumènes! Merci d'avoir lassé leur violence par votre ténacité!

Seulement souvenez-vous de la leçon!

Après le Meeting Sanglant des Mille-Colonnes, les réunions libres et courtoises étaient acclimatées dans nos auditoires.

Voici que du côté opposé de l'horizon, les Camelots du roi, et surtout ceux qui restent chez eux et qui les envoient, ont essayé d'arrêter nos réunions. Ils n'ont pas pu réussir. Et s'ils veulent prendre leur revanche, nous les traiterons de la même manière. Nous garderons une loyauté absolue avec tout le monde; mais lorsqu'on opposera la violence aux arguments, lorsque les matraques viendront soutenir les idées, — piètres idées qu'on ne peut discuter qu'une matraque à la main! — nous saurons mettre la force au service de notre raison armée...

Et maintenant, c'en sera bien fini avec cette histoire ridicule au Quartier Latin. C'en est bien fini avec cette puissance stupide et qui provoquait sans cesse les étudiants.

Nous allons convoquer au Quartier Latin une réunion (1) de tous les étudiants, républicains, plébiscitaires, de tous les groupes, — et nous n'exclurons que les Camelots du roi et les bandits de la rue Ordener. (*Tonnerre d'applaudissements*).

Amis du Quartier Latin, républicains patriotes, est-ce que vous allez continuer à prendre cette indigne mascarade pour un groupement politique ayant des idées rai-

---

(1) Une réunion des présidents des groupes eut lieu le samedi 15 au café Soufflet, et, le lundi 17, l'affiche suivante fut apposée sur les murs du Quartier Latin :

AUX ETUDIANTS

En face du péril extérieur et des menaces de l'étranger, la France a plus que jamais besoin d'être forte et unie. Nous ne laisserons pas confondre le patriotisme français avec la propagande royaliste.

Nous flétrissons les violences de ces *Camelots du roi*, qui poursuivent une œuvre funeste de division en employant l'injure et la violence pour combattre même de bons Français et des patriotes : ne devrions-nous pas pouvoir être tous unis dans un commun amour de la France et dans une commune résolution d'accepter tous les sacrifices jugés nécessaires ? Patriotes, nous proclamons bien haut notre volonté de rejeter tous ceux qui, en essayant d'accaparer à leur profit et en dénaturant l'idée de patrie font le jeu des antipatriotes.

Nous, nous ne laisserons pas croire que le

sonnables et qu'on discute? Ils se sont mis au ban du Quartier Latin et ceux qui s'entendraient avec eux seraient des imbéciles ou des lâches. Les Camelots du Roi, ce n'est pas français, ce n'est que de la brutalité stupide. L'étudiant français est batailleur, sans doute, frondeur; mais ce qu'il aime, c'est discuter des idées; ce qu'il aime, c'est la pensée qui quelquefois s'épanouit en un geste un peu trop vif, mais

---

renouveau patriotique que nous saluons entraîne la nouvelle génération vers ceux qui préparent une restauration royaliste et qui ont trop souvent poussé le cynisme jusqu'à provoquer des patriotes et à ne pas craindre de faire couler le sang français.

Nous avons cru qu'il était de notre devoir de parler; oubliant tout ce qui dans la politique peut nous diviser, nous voulons ensemble proclamer notre volonté commune de ne pas laisser naître une équivoque qui ne serait profitable qu'aux ennemis de la France.

HENRI BENARD, *président de la* Ligue des étudiants républicains nationalistes.

FERNAND COLLIN, *délégué du* Groupe des étudiants Jeunes-Républicains.

DESIRE FERRY, *président de* l'Union des étudiants républicains de Paris.

SYLLA GEOFFROY, *président de* l'Union des étudiants plébiscitaires.

HENRI GUERIN, *vice-président de la* Fédération des jeunesses républicaines patriotes.

ce n'est pas cette fureur stupide qui consiste à assommer les gens...

Marc Sangnier termine son allocution en invitant les étudiants à assister à la grande réunion privée qui doit se tenir salle des Conférences de La Démocratie, *aussitôt après ce meeting.*

La parole est donnée au second contradicteur qui approuve l'antisémitisme et conclut: « Etes-vous Juif ou anti-juif ? »

MARC SANGNIER. — Je suis heureux que cette question m'ait été posée avec une clarté brutale, si j'ose dire — pas dans le sens de tout à l'heure, bien entendu! (*Rires*).

Je crois, quant à moi, que les Juifs se sont fort souvent trouvés mêlés, surtout dans l'histoire de ces quarante dernières années, avec le mouvement républicain officiel, ce mouvement radical et radical-socialiste dont j'ai très nettement indiqué les fautes et les erreurs. Je comprends que les Français, en songeant au rôle que les Juifs ont joué dans l'histoire de la Troisième République, ne se sentent pas enflammés d'une reconnaissance très vive envers Israël.

Mais je crois — et ici je réponds nettement à votre question — je crois que c'est une injustice et, par-dessus le marché, une maladresse que d'attaquer tous les Juifs en tant que Juifs. Je crois qu'il suffit, chaque fois que l'on trouvera un Juif mêlé à quelque affaire qui tend à détruire la prospérité matérielle ou l'honneur moral de la France d'attaquer ce Juif. Et si, en fait, on trouve beaucoup plus de Juifs parmi les ennemis de l'honneur français que l'on ne trouve d'hommes appartenant à d'autres groupements religieux, tout naturellement ce qu'il y a de légitime dans l'antisémitisme serait maintenu.

Mais ce que nous ne pouvons pas admettre, ce qui est, d'ailleurs, horriblement dangereux, c'est de dire : « Nous faisons la guerre aux Juifs parce que Juifs, soit parce qu'ils ont la religion juive, soit parce qu'ils sont de la race juive »...

Le contradicteur. — ... de race orientale.

Marc Sangnier. — Il ne s'agit pas à l'heure actuelle de savoir si l'on a eu tort ou raison de reconnaître aux Juifs la qualité de citoyens français et, autrement dit, si leur assimilation était suffisamment faite. Je dis qu'actuellement, étant donné que, depuis plus de cent ans, les Juifs font partie de la nation française, il apparaîtra comme une mesure vexatoire et inique de les rejeter en bloc hors de la nationalité française sous prétexte qu'il y a un trop grand nombre de Juifs qui ne travaillent pas comme il conviendrait pour la prospérité matérielle et morale de la France. Et dans ce sens, je ne suis pas antisémite. (*Applaudissements*).

Je crois que j'ai répondu formellement à ces questions. Du reste, je ferai remarquer que ce n'est pas précisément le Juif en tant que Juif qui a fait le malheur de notre Troisième République, mais tout une catégorie d'hommes chez qui était éteint tout idéal moral et, en quelque façon, toute flamme spirituelle et je ne craindrai même pas de dire toute flamme religieuse en donnant à ce mot un sens très large.

Je ne suis pas absolument certain que chez tous les Juifs se rencontre ce caractère de matérialisme, de positivisme brutal. Il y a une espèce d'hommes peut-être plus haïssables encore que peuvent l'être les Israélites, qui rentrent dans la catégorie de ces faux amis de la France, ce sont ceux qui ont un mépris complet et absolu de tout ce qui est moral et de tout ce qui est religieux, ce sont ces sortes de défroqués du catholicisme (*applaudissements*) qui ont eu une culture catholique et qui servent des intérêts opposés aux intérêts religieux, soit qu'ils aient jeté, s'ils ont été prêtres, leur soutane aux orties, soit que, restant de bons laïques bien pensants, ils aient rejeté de la religion tout ce qui en faisait la valeur morale et intérieure.

Il y a donc une attaque générale à mener contre tous ceux qui travaillent contre l'esprit de la France et les intérêts de la France. S'ils sont Juifs, cela m'est égal; s'ils ne le sont pas, cela m'est encore égal. Au point de vue religieux, je discuterai la question juive tant que vous voudrez; mais au point de vue français, il est extrêmement dangereux de crier : « A bas les Juifs! », car on vous répondra : « A bas la Calotte! A bas les Curés! »...

LE CONTRADICTEUR. — La Calotte n'est pas une race.

MARC SANGNIER. — On vous dira que le catholicisme romain, que les prêtres, que les religieux, se trouvent soumis à un souverain étranger, on vous répètera un tas de balivernes idiotes auxquelles j'ai répondu bien des fois. Mais ce n'est pas la peine de jeter dans le débat des cris de : « A bas les Juifs! » ou « A bas la Calotte! » Il vaut mieux juger les hommes à leurs œuvres et tâcher de réunir tous les bons Français. S'il n'y a pas de Juifs qui viennent avec nous, tant pis! s'il y en a, nous les accepterons; mais nous ne les chasserons pas *a priori*, nous les jugerons à leurs œuvres : c'est là du bon réalisme politique. (*Vifs applaudissements*).

Troisième Contradicteur. — Je suis heureux de venir vous rendre hommage car nous sommes les ennemis des Camelots du Roi. Vous avez donné la parole, tout à l'heure, à un apache dangereux, puisque je l'ai moi-même fait conduire au commissariat de police il y a peu de jours. Je l'ai rencontré dans une petite rue, rue de la Harpe, je crois, et il m'a attaqué, il m'a battu sans cause. Je l'ai reconnu ce soir. (*Vifs applaudissements.*)

Ce monsieur s'appelle Lagrange et c'est un chef des Camelots du roi (*Rires*). J'ai été obligé de me défendre contre lui à coups de parapluie.

M. Sangnier, nous vous félicitons respectueusement de l'œuvre d'épuration que vous avez entreprise dans le Quartier Latin. C'est une tâche unitle que de le débarrasser de ces bandits qui sont encore plus méprisables que les apaches. Les apaches, en effet, vont dans la rue cherchant peut-être leur pain du soir tandis que ces gens-là n'ont d'autres but que d'empêcher les honnêtes gens d'exposer leurs opinions. (*Vifs applaudissements*)

(*Au fond de la salle plusieurs personnes n'ayant pas entendu demandent ce que dit le contradicteur*).

Marc Sangnier. — Le camarade nous dit qu'il se promenait tranquillement rue de la Harpe et qu'il a été attaqué par le Camelot du roi que vous venez d'entendre, tout simplement parce qu'il était étranger.

Le contradicteur. — Parce que je lui ai demandé un renseignement, tout d'un coup il a déposé ses livres et s'est jeté sur moi. J'ai été obligé de me défendre. Je crois que les étrangers seraient dégoûtés de voir des hommes pareils à la tête de la jeunesse de France.

Vous avez dit un mot que je voudrais relever. Vous avez dit qu'il y avait des défroqués qui déshonoraient le catholicisme : je suis du nombre. J'ai quitté l'Eglise parce que je ne croyais plus. J'estime cependant que je puis être un bon républicain.

Marc Sangnier. — ...Je me contenterai de répéter que je suis catholique, je crois l'avoir dit surabondamment, mais je ne veux pas que la religion serve à des fins politiques.. La religion catholique ne doit pas servir de tremplin à des politiciens qui ne sont même pas catholiques. Voilà simplement ce que nous demandons. Nous ne voulons molester ni les Juifs, ni les protestants, ni les libres-penseurs, et nous sommes convaincus que les catholiques, s'ils le veulent, pourront montrer qu'ils sont parmi les citoyens les meilleurs et les plus dévoués.

(*La séance est levée aux cris de : « Vive la France! Vive la Jeune-République!* »

Sténographié par « COMMERCIA » Bourse du Commerce, rue du Louvre, Paris, sur machine à sténographier « GRANDJEAN »

Imp. de *La Démocratie*, 32, Bd. Raspail-Paris

www.ingramcontent.com/pod-product-compliance
Lightning Source LLC
LaVergne TN
LVHW020044170826
845678LV00001B/426

* 9 7 8 2 3 2 9 6 9 6 6 0 7 *